AF452698

VEXAT DUM FULGET
Ignorantia
Superstitio
SIMULA-CRUM ANTI-CHRIS-TI
J. Clark sc. Grays Inn

SERMON,

Préché dans la grande Assemblée

DES

QUAKERS,

DE LONDRES

Par le Fameux

FRERE E: ELWALL,

DIT L'INSPIRÉ.

Traduit de l'Anglois.

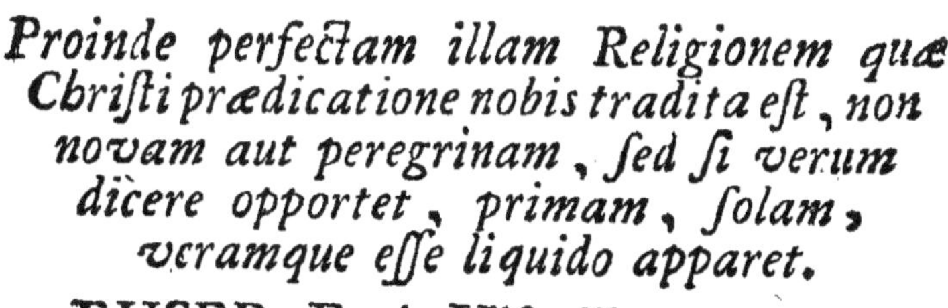

Proinde perfectam illam Religionem quæ
Christi prædicatione nobis tradita est, non
novam aut peregrinam, sed si verum
dicere opportet, primam, solam,
veramque esse liquido apparet.
EUSEB. Eccl. Hist. lib. 1: cap. 4.

A LONDRES,

Au depens de la Compagnie 1737.

LA RELIGION MUHAMMEDANE,

COMPARÉE À

LA PAIENNE DE L'INDOSTAN,

PAR

ALI-EBN-OMAR, Moslem

EPITRE

A CINKNIU,

BRAMIN DE VISAPOUR.

Traduite de l'Arabe.

Non ne satius est pecudum more vivere,
quam Deum tam impium, tam pro-
phanum, tam sanguinarium
colere.
LACTANT. Divin. Inftit. lib. 1. cap. 21.

A LONDRES,
Au depens de la Compagnie 1737.

SERMON &c;

The Religion of the Gospel,
is the true original Religion
of reason and Nature.

La Religion Chrêtienne ne différe point de la Religion Naturelle.

Ous les Chrêtiens favent, ou croient favoir le motif, que Jefus eut de venir en ce monde ; mais fort peu, mes chers Fréres, connoiffent l'Obligation indifpenfable dans la quelle il fe trouva, pour établir ces Loïx que nous voïons dans l'Evangile : Cependant fans cet établiffement fa mort n'eut été

A   d'aud'aucune utilité au Genre humain, & par conſequent Jeſus ne ſeroit point venu à bout de ſon deſſein. Car, qu'auroit-il ſervi aux hommes d'avoir obtenu le pardon du Peché originel, lorſqu'ils ſe ſeroient dam- nez par leurs nouvelles fautes, ſi Chriſt ne leur eut pas donné, par ſes Preceptes, les moïens neceſſai- res pour éviter la Damnation éter- nelle? Pareillement, qu'euſſent va- lu les Preceptes de Jeſus aux hom- mes s'il n'étoit pas mort pour les delivrer de l'Eſclavage du Peché originel? C'eſt pourquoi je dis, mes Freres, que la mort & les Loïx de Chriſt étoient également neceſ- ſaires afin de nous rendre pour ja- mais heureux; puiſque par l'une nous obtinmes le pardon du Peché, dont Adam, en le commettant, nous avoit rendus coupables; & par les autres nous apprimes ce que

nous

nous devions faire, pour ne pas tomber dans de nouvelles fautes. Voilà le sujet que je vai traiter dans ce Sermon, pour faire connoître de plus en plus aux hommes la bonté des Loïx & des intentions de nôtre saint Legiflateur.

Le Fondateur de la République Chrêtienne prévoïant que fa mort n'auroit pas été aſſez éfficace pour guerir la corruption inveterée du coeur humain, & voulant rendre permanent le bonheur des hommes, leur Laiſſa avant mourir de très bonnes Loïx, afin qu'ils puſſent, en les obfervant, fe maintenir dans ce bienheureux état, où il les avoit mis en mourant. Ces Loïx, quand même nous ne les regarderions pas comme Divines, devroient neanmoins être toujours venerées comme telles, ajant pour

fond-

(4)

fondement l'equité, ‡ qui eſt la ba-
ſe des Loïx naturelles, qu émà-
nent de Dieu. Jeſus donc, en mourant, n'eut point d'autre intention, que de remettre les hommes
dans ce même état d'innocence,
ou Adam étoit avant ſon Péché;
& par ſes Loïx, de les maintenir
dans cette felicité, qu'il leur avoit
procuré par ſa mort.

   Adam, avant ſa desobeïſſance,
ne fut point aſſujetti par Dieu à
d'autres Loïx, qu'à celles qui furent données à tous les autres Animaux, chacun ſuivant ſon Eſpece. † Après la Redemption les
hommes rentrerent dans la premie-
re condition d'Adam. * En punition de ſa faute, Adam & toute ſa
Poſte-

‡ Prima enim pars æquitatis, eſt æquali-
tas. *Senec.* Epiſt. 30.
† Gen. I 25. 28.
* Ad. Rom. V. VI.

(5)

Posterité fut condamnée à mourir, § & soumife à la dure Loï de
travailler pour vivre, † parcequ'elle devint éfclave du Peché: Dans
l'état de grace, les hommes ont
été delivrés de leur éfclavage, &
font redevenus ferviteurs de Dieu: *
c'eft à dire, comme nous l'enfeigne
l'Apôtre, ils furent delivrés de la
malediction de ces Loïx, aux quelles ils avoient été affujettis par la
faute d'Adam, pour vivre felon les
Loïx naturelles, que Dieu donna à
l'homme en le creant: § Mais com-

A 3

me

§ Il faut entendre ici cette mort éternelle
de l'Ame, dont parle Paul; (ad Rom. VI,
23) car autrement on croiroit une grande
abfurdité, fi on vouloit croire que les hommes euffent été immortels, au cas qu'Adam
n'eut pas gouté le fruit defendu; n'etant pas
poffible qu'un efpace limité, tel que la fur-
face de la Terre, put contenir un nombre
infini d'hommes.

† Gen. III. 19.
* Ad. Rom. VI. 14. 22.
§ Ad. Galat. III. 13.

me il ne fut pas poſſible à Chriſt de remettre, par ſa mort, les hommes dans l'état de Nature, vû la longue habitude qu'ils avoient avec le Peché, par la quelle leur eſprit étoit tellement gàté, qu'ils n'avoient plus aucune Idée de l'état d'innocence ; Chriſt, dis-je, aïant pitié de leur ignorance, & voulant les corriger, leur enſeigna de nouveau par ſa Doctrine les Loïx de Nature, afin qu'ils en connuſſent la beauté & l'excellence, & par conſequent le beſoin qu'ils avoient de les ſuivre, pour ſortir de leur miſére. Telle fut l'intention de Jeſús dans l'établiſſement de ſes Loïx ; comparons-les maintenant à celles de Nature, & par leur reſſemblance nous connoîtrons qu'elles ſont les mêmes.

Chriſt commanda aux hommes l'humilité & la pauvreté, afin qu'ils puſ-

puſſent entrer dans le Roïaume de Dieu; c'eſt à dire dans l'état d'innocence, dans le quel étoit Adam avant ſa transgreſſion, qui n'obeïſſoit qu'aux Loïx de Nature: Jeſus aïant delivré l'homme du Joug du Peché originel, & étant humble & pauvre comme il le lui a commandé, l'homme, dis-je, ſeroit rentré dans l'état de Nature, ou il n'eſt ni ambition ni richeſſes, & ſeroit réellement entré dans le Royaume de Dieu en obeïſſant aux Loïx naturelles, qui furent de toute Eternité ordonnées par le ſouverain être. Car il ne faut pas ſe faire des illuſions ridicules, comme ſe font les Fanatiques, du Royaume de Dieu, les quelles rempliſſent l'eſprit d'imaginations vaines & incomprehenſibles, capables de faire tourner la tête aux hommes, ſans jamais leur pouvoir être de la moin-

dre

dre utilité. C'eſt ce que Jeſus nous a fort bien fait entendre, lorſqu'il dit ; ,, Que le Regne de Dieu n'eſt ,, pas un Regne que nous devions ,, attendre, & que nous puiſſions ,, reconnoître & diſtinguer par ſa ,, nouveauté, vû qu'il eſt toujours ,, parmi nous, quand nous obſer- ,, vons les Loïx Divines : † & Chriſt repondit alors aux Phari- ſiens, que le dit Regne étoit par- mi eux, parce qu'il leur enſeignoit les Loïx de Nature, qui viennent immediatement de Dieu ; C'eſt pourquoi les Phariſiens pouvoient entrer ſur le champ dans le Royau- me de Dieu, en embraſſant la Doctrine de Jeſus Chriſt.

Si Adam n'eut pas péché, ni lui ni ſes Deſcendans n'euſſent point été obligés de travailler pour vivre ; Jeſus, aïant remis les hommes dans l'é-

† Luc. XVII. 20. 21.

l'état de Grace, les a auſſi delivrés
de la peine du travail, comme il
l'a poſitivement declaré à ſes Diſciples, leur diſant ; " Ne vous tour-
,, mentez point pour ſavoir ſi vous
,, aurez à manger & à boire.
,, Voyez les Oiſeaux qui ſont dans
,, les airs, qui ne ſement, ni
,, moiſſonnent, ni font de recol-
,, te ; & cependant Dieu les
,, nourrit; N'êtes vous pas au-
,, deſſus d'eux ? Et pourquoi vous
,, inquietez vous pour ſavoir ſi
,, vous aurez des habits ? Regardez
,, comme les lis croiſſent aux
,, champs ſans filer & ſans travail-
,, ler ; neanmoins ils ſont mieux
,, habillez que Salomon dans ſa
,, plus grande magnificence. * Or

A 5

,, ſi

* Jeſus dit cela pour faire connoître aux
hommes la beauté & la perfection de la Nature, & la grande felicité dont jouïſſent toutes les Creatures qui vivent ſous ſes douces

&

„ si la Nature habille si bien les
„ fleurs, qui sont si peu de chose
„ à vôtre égard; N'habillera-t-el-
„ le pas d'autant plus vous? O
„ hommes insensés & de peu de
„ foï! Ne vous inquietez donc
„ point, disant, que mangerons
„ nous, ou que boirons nous?
„ Car c'est les infidelles qui ont
„ ces inquietudes, parce qu'ils sont
„ encore esclaves du Péché, mais
„ vous ne les devez point avoir,
„ qui étes rachetez. Vôtre Pere
„ Celeste ne sait-il pas ce qu'il
„ vous faut; & ne vous l'accorde-
„ t-il pas par sa bonté infinie?
„ souhaitez & cherchez donc pre-
„ mierement le Regne de Dieu &
„ sa justice, & vous aurez tout ce
„ qu'il

& très sages Loïx: Bonheur, dont les hommes sont privés, depuis qu'ils se sont follé-
ment assujettis à une infinité de choses, que
la Nature humaine ne demandoit point, qui
lui sont fort à charge & très nuisibles.

„ qu'il vous faut. § C'eſt à dire, ſouhaitez & cherchez d'entrer dans l'état de Nature, ou la juſtice regne, perſonne ne jouïſſant du ſuperflu, mais ſeulement de ce qui lui eſt neceſſaire pour ſe conſerver en vie, & vous ne manquerez de rien.

Dans l'état d'innocence, les hommes devoient être tous égaux, & chacun devoit librement jouïr des fruits & des autres productions de la Nature : Pareillement Chriſt commanda à ſes Diſciples l'égalité & la communion des biens. † Les hommes étant ſans ambition dans l'état de Nature, & aïant abondament le neceſſaire, n'étoient point en diſſention ; car elle eſt toujours cauſée par la richeſſe & par l'indigence, & celles-ci derivent de l'inéga-

§ Matth. VI. 25.
† Luc. XIV. 33. XXII. 24. & ſeq;

négalité qu'il y a parmi les hommes ; parceque les uns aïant trop, & les autres peu ou rien ; l'ambition & l'inhumanité des premiers, & l'envie & la dure neceſlité des ſeconds, cauſent tous les deſordres. Or dans une ſocieté, ou l'égalité regne en tout & par tout & ou le neceſſaire ne manque point, il doit auſſi par conſequent y regner la Paix & le repos. N'en déplaiſe à nôtre bon Ami le ſavant Thomas *Hobbs*, qui a pretendu prouver, que les hommes, dans l'état de Nature, ſont toujours aux priſes entre eux, * parçequ'il a poſé un faux principe, ſuppoſant une multitude dejà corrompuë par l'idée du *mien* & du *tien*, & par conſequent par le Luxe & par l'Ambition ; au lieu de ſuppoſer une multitude ſimple, qui ſui-

vroit

---

* *De Cive*, ſub tit. libert, cap. 1. § 12.

roit les très juftes Loïx de Nature;
Car, ou il n'eft point d'inegalité,
il n'eft point d'emulation ou d'envie; & ou il n'y a point d'envie,
il n'eft point d'ambition; & ou
l'on vit fans ambition, il n'eft point
de diffentions: De forte que le repos d'une telle multitude ne pourroit jamais étre troublé, qu'au cas
que le neceffaire leur vint à manquer; & cela pourroit effectivement
ment arriver, fi cette multitude
étoit confinée dans un petit coin
de ce Globe, par une fterilité de
la Terre, ou par un rude & ex-
ceffif froid, ou par une extréme
chaleur ou fechereffe, ou par une
inondation &c; En ce cas, comme les vivres ou le neceffaire man-
queroit à ces hommes, & qu'ils
ne fauroient fortir de cet endroit
pour l'aller chercher ailleurs; il
eft très certain que la difette le
for-

forceroit tous à se précautioner
contre la faim , & que la neces-
sité de cette precaution produiroit parmi eux un pillage , & cel-
lui-ci les querelles , & tout ce qui
s'ensuit. Mais si nous entendons par
ce mot multitude , toute une Espece , c'est à dire , tout le Genre
humain , qui auroit en partage toute la Terre , & que chaque homme
eut droit de la parcourir toute pour
y chercher & trouver son necessaire , de même qu'il est permis à
tous les autres animaux chacun selon son espece ; nous verrons que
la seule cause qui pouvoit engen-
drer les querelles parmi eux , ne
subsiste plus. Car Dieu par ses éter-
nelles & immuables loïx a si bien
pourvu à toutes choses , que jamais il n'arrive une Sterilité generale ; si bien que quand la Terre est
sterile une année dans un endroit ,
elle

elle est féconde dans un autre ; de
forte que ce qui manque dans un
lieu , se trouve abondament dans
un autre ; & le superflu qu'ont
ceux qui se trouvent dans le Païs
fertile , est trés suffisant pour nour-
rir ceux qui ont eu la sterilité , ou
quelques uns de ces autres accidens , dont j'ai parlé , dans le leur ;
par ce qu'ils ne peuvent absolument pas être universels.

Car la raison qu' alleguent ceux
que se font injustement emparés du
necessaire des autres hommes, que
la Terre ne produit pas suffisam-
ment pour tous ; Cette raison , dis-
je , est trés ridicule , trés mauvaise
& impie : Elle est ridicule & d'aucune force , vû qu'elle a l'experience
contre ; puisque jamais l'on a appris qu' il y ait eu une disette dans
un endroit , qu'on n'ait appris en
même tems , qu'il y avoit eu ail-

leurs

leurs une grande abondance. Elle
est impie, par ce qu'elle renverse
la Providence & la bonté infinie
de Dieu, en suppossant qu'il a crée
des Etres uniquement pour les faire souffrir. Oui, je soutiens qu'elle
est impie contre le sentiment de
ces Docteurs, qui pretendent que
Dieu puisse faire ce que bon lui
semble de ses Creatures, en abu-
sant de ce passage de Paul, ou il a
comparé Dieu à un Potier, & les
hommes à ses pots, disant ; Que
comme il est permis au Potier de
faire de la même terre des pots qui
servent à d'usages honorables, &
d'autres à d'infames ; Ainsi Dieu
peut créer des hommes pour les
sauver, & d'autres pour les perdre, afin d'avoir des sujets sur les
quels il puisse décharger sa colére,
éxercer sa misericorde, & mani-
fester.

fefter fa Toute Puiffance. † Mais
fi ces Docteurs euffent bien voulu
examiner les intentions de Paul
dans cette comparaifon , ils auroient compris qu'il a entendu toute autre chofe ; parce qu'il n'eft pas
poffible que ce bon Apôtre , qui,
dit-on , étoit infpiré , & qui avoit
ravi au troifiéme Ciel , même jus-
été qu' à l'Empirée , à ce que lui
même nous affûre § , & qui par
confequent devoit avoir des idées
juftes , ou du moins raifonnables,
de la Diuinité ; eut pû faire une
comparaifon fi baffe & fi peu convenable à la Majefté Divine, comme pretendent ces Docteurs par le
mauvais fens qu'ils lui donnent.
Car , quelque abfolu que foit le
pouvoir de Dieu , il ne peut cependant pas faire des chofes qui re_
B pug_

† ad Rom. IX. 17.
§ Ep. 2. ad Corinth. I. 2 3. 4.

pugnent à ſes attributs, & qui ſoient contradictoires en elles mêmes & incompatibles.

Par exemple, il ne peut pas faire, qu'un triangle ſoit un carré; Qu'un globe ſoit une Pyramide; Qu'un baton ſoit ſans bouts; Que le feu gêle, & la glace brûle; Que le vin ſoit du ſang, ou qu'une mie de pain ſoit un homme : Qu'une groſſe balle de cent Livres puiſſe être diviſée en trois balles, dont chacune ait la même dimenſion & la même peſenteur de la groſſe, & que ces trois enſemble ne péſent enſuite que cent livres, & qu'elles ne ſoient qu'une ſeule balle : Quel étrange galimatias ! Dieu ne peut pas faire, vous dis-je mes Fréres, que le Tout ſoit plus petit que ſa Partie ; Que le contenu ſoit plus plus ſpacieux que ſon contenant ;

Qu'un

Qu'un effet précede fa Caufe, &c.
&c. &c.

Pareillement Dieu ne peut rien
faire qui foit contraire à fa bonté
& à fa juftice infinie , comme ces
Docteurs pretendent par la fauffe
interprétation qu'ils donnent aux
paroles de Paul , par la quelle ils
profanent la Majefté de Dieu ; &
anneantiffent la Divinité en detrui-
fant fes Attributs ou perfections.
Car felon le fentiment d'un ancien
Chrêtien §, fi Dieu n'eft point unique & parfait comme il doit étre ;
il n'eft point ; par ce que nous trou-
vons plus de dignité à n'étre point
qu'à étre autrement que nous le
devons.   C'eft ce que je vai prouver en examinant la comparifon de
l'Apôtre fuivant le mauvais fens que
ces Docteurs lui donnent.

En premier lieu, mes chers Fre-
B 2 res ;

§ *Tertull.* cont. marc. lib. I. cap. 3.

res , je vous dirai , que c'eſt une très grande profanation que de comparer Dieu, qui eſt un étre très parfait , à l'homme , qui eſt un A-nimal rempli de deffauts ; & une grande abſurdité que de mettre en comparaiſon le Createur avec la Creature.   En effet ne ſeroit-il pas abſurde & ridicule de comparer le Potier à ſes pots?

En ſecond lieu, j'ajoûterai que ſi le Potier vouloit remplir une par-tie de ſes pots d'ordures & une au-tre partie des plus precieux par-fums de l'Aſie; ou bien s'il vouloit briſer les uns , & laiſſer en entier les autres, quoique tous faits d'une même terre; il lui ſeroit permis de le faire , car cela ne dérogeroit point à ſa qualité de Potier, & les pots ne ſentiroient pas plus de plai-ſir ou de peine, pour étre employés à d'uſages honorables ou infames ;

pour

pour étre brifés, ou pour refter en
eur entier, par ce qu'ils font des
étres infenfibles. Mais fi Dieu eut
voulu créer des hommes pour les
rendre heureux, & d'autres pour
les rendre malheureux, afin de
faire éclater fa toute Puiffance; je
foûtiens qu'il auroit été injufte &
cruel, & par confequent qu'il ne
feroit point ce Dieu infiniment ju-
fte & bon que nous adorons. Car
ou pouvoit-il mieux éxercer fa
juftice & fa bonté infinie, que
fur cette Créaturê qu'il avoit crée
à fon image*, doüée d'une qualité Divine †, & pour qui il a-
voit crée tout le refte § ? Comment pouvoit-il mieux faire éclater fa bonté & fa juftice infinie,
qu'en rendant pour toujours heu-
B 3 reufe

* Gen. I. 27.

† L'immortalité de l'ame.

§ Gen. I. 28. 29. 30.

reufe la plus parfaite de fes Creatures ? Et comment auroit-il mieux
pû faire connoître fa cruauté &
fon injuftice , qu'en rendant pour
jamais miferables des creatures ,
qu'il pouvoir rendre toujours heu-
reufes ?

Je fai que les Sectateurs du franc-
arbitre me repondront , que Dieu
n'a rendu malheureux les hommes
que pour les pnnir de leurs méchancetez ; mais cela ne leve point
la difficulté. Car que dirions nous
d'un Pere qui meneroit au bord
d'un précipice fes enfans , & les
verroit précipiter fans leur donner
le moindre fecours , les pouvant
fauver ; & qui enfuite les puniroit
feverement , par ce qu'ils fe fe-
roïent caffé les bras & les jambes
en fe précipitant ? Nous dirions,
que c'eft un tres méchant Pere ,
qui meriteroit d'etre puni a la ri-
geur,

geur , pour avoir été l'unique &
volontaire caufe du malheur de fes
enfans.

De même Dieu pouvoit créer
Adam fans ce principe de défobeïf-
fance , & fans aucun germe de me-
chanceté. Il le pouvoit faire , parce qu'il eft tout Puiffant ; & le devoit faire , parce qu' étant trés parfait, fes ouvrages le devoient auffi é-
re ; & étant infinement bon , fa bonté devoit principalement s'étendre
fur le plus parfait de fes ouvrages: Et
qu'on ne me dise pas qu'il étoit neceffaire qu'il y eut du mal , pour
que Dieu put manifefter fa juftice.
Car ne feroit-il pas un cruel mon-
ftre ce Prince , qui forceroit fes
fujets à faire du mal , pour faire
éclater fa juftice en les chatiant ?
feroit - il permis à un habile Mede-
cin d'empoifoner toute une nation,
par lui faire connoître qu'il peut

B 4

gue-

guerir de toute forte de Poifons? Non, il n'eft point permis aux hommes de faire un mal pour en obtenir un bien, mais il n'eft pas poffible à Dieu de le commettre, étant très parfait. C'eft pour quoi ce feroit une très.grande impieté de dire que l'Etre Suprême eut pourvu avec tant de bonté le neces-faire aux autres Animaux, & en eut privé l'homme; & on croiroit une chofe fort contradictoire en elle même, fi l'on croïoit que le Tout eut été crée pour le fervice de l'homme, & que le neceffaire puis lui manquât, lors que Dieu ne le laiffe pas manquer aux autres Creatures, qui lui font beaucoup inferieures. Aprefent que j'ai jufti-fié Paul contre les Colomnies de ces Docteurs, je reviens à mon pro-pos.

Si *Hobbs* donc eut bien examiné

cette

cette importante matiere, je suis sur qu'il auroit changé d'opinion. Temoin les anciens Peuples des Iles Canaries qui avoient toujours été dans le bien heureux Etat de Nature , avant qu'ils fussent decouverts par les Crêtiens. On nous assûre , * que les anciens habitans de ces Iles se nourrisoient d'herbe & de fruit, qu'ils couchoient sur des feüilles dans les Forêts , qu'ils alloient nuds , & que les Femmes & le tout étoit parmi eux en commun. Ils ne craignoient point les inclémences du tems, par ce qu'ils s'y accoûtumoient en naissant. Ils ne gâtoient point leurs éstomacs par la diversité des viandes , des boissons & par l'exces : Ils n'augmentoient point chaque jour leurs necessitez comme font les hommes

B 5

cor-

----

* *Sir Thom Herbert's* , Travels into Persia and the east Indies, Lib. 1.

corrompus par le Luxe ; mais suivant les simples loïx de Nature, ils joüissoient d'un doux repos & vivoient contens.

C'est là le veritable portrait de l'état d'innocence ; dans le quel Adam se trouvoit avant son péché. Plusieurs autres Peuples de l'Afrique & de l'Amerique nous peuvent aussi servir d'exemple. Ces Peuples étoient heureux par ce qu'ils suivoient quasi les Loïx de Nature ; & leur bonheur dureroit peut étre encore, si les Chrêtiens ne fussent pas allez troubler leur repos, pour satisfaire leur ambition & leur avarice extréme. D'ailleurs, l'experience nous apprend que les habitans des bois & des Montagnes sont beaucoup plus humains que ceux des Villes, parcequ'ils ne sont pas entierement éloignés de la simplicité de Nature comme les autres.

tres. La verité eſt, dit un Auteur moderne, § que ces dêſerts reculez, les rochers, les bois & les neiges, entre les quels les Lapons habitent, ſont inaceſſibles aux chagrins, aux craintes & aux maladies. L'injuſtice en eſt bannie, & par conſequent les Proces. On n'y connoît ni Juges, ni Avocats, ni medecins, ni Prétres dans ces lieux reculés. Ces Gens là ſe tiennent ſur la frontiére, & ne ſont viſités par les Lapons qu'au tems & à l'occaſion des Foires & cela ſeulement par ceux qu' y portent leurs marchandiſes ou celles de leurs voiſins, & qui s'en retournent plus ruſés & moins équitables. On y ſuit la Loï de Nature dans ſa ſimplicité : On n'y remarque par tout d'autre ſorte d'amour que celui que

dicte

§ *La Motraye*, dans ſes voyages, tom. II. fol. pag. 364.

dicte cette Loï.   On y pratique le premier commandement de l'Eter-ner à l'egard de la multiplication, fans en avoir jamais entendu parler. Cet amour joint les deux fexes felon leur pechant.

Enfin, temoin nos anciens Bré-tons, qui étoient d'un fi bon tempé-rament, que plufieurs vivoient juf-qu'a Six vingt ans.   Leur fobrieté & leur temperance contribuoient à leur conferver fi long tems la vie, plus que l'air du Pays. L'ufage des habits étoit presqu' inconnu dans l'Ile.   Il n'y avoit que les habitans des Côtes méridionales qui couvrif-fent leur nudité , par le moïen de certaines peaux qu'ils ajuftoient fur leurs corps fans aucure façon , plû-tôt pour ne pas offenfer les yeux des étrangers qui trafiquoient avec eux, que pour fe garentir du froid. Leurs habitations étoient dans les

bois

bois fous des huttes couvertes de
peau, de branches ou de gazon. Ils
fe nourriffoient ordinairement du
lait de leurs Troupeaux, & du
Gibier qui fe trouvoit en abondance dans les bois & dans les cam-
pagnes. Cette vie fi fimple & fi
fimple & fi éloignée du Luxe des
autres Nations, n'empechoit pas
qu'ils n'euffent l'efprit vif, & même
plus pénetrent que les Gaulois leurs
voifins. Diodore Sicilien n'a pas
fait difficulté de les préférer aux
Romains, par raport à l'integrité
des moeurs. Ils avoient une coûtu-
me particuliere, qui paroiffoit af-
freufe aux autres Nations, quoique pour eux, ils la cruffent très
innocente : C'eft qu'ils fe mettoient
dix ou douze Familles enfemble
dans une même habitation, ou les
Femmes étoient en commun, même entre les Freres : Cette coûtu-
me

me se conserva long tems parmi eux.
D'ailleurs les Bretons étoient braves & alloient au combat avec beaucoup d'intrepidité. Ils étoient d'un Naturel fort doux & fort humain; il est vrai qu'ils étoient cruels envers leurs Prisonniers de Guerre, car ils les sacrifioient à *Andate* Déesze de la Victoire : § Mais s'il étoient coupables d'une telle cruauté, c'est qu'ils avoient eu le malmeur de se Laisser infatuer par les *Druides* Leurs Prêtres, comme ont fait presque tous les Peuples de la Terre. Ce que je viens de dire nous doit convaincre, que les Hommes sont fort heureux lors qu'ils suivent les loïx de Nature; & très malheureux dès qu'ils les abandonnent.

Par ces Motifs Jesus Christ dit: Bienheureux vous qui avez le coeur

pur;

§ *Rapin Thoyras*, Hist. d'Angl. tom I. pag. 6.

pur, car vous verrez Dieu. * Bienheureux vous qui étes pauvres, car
le Royaume de Dieu vous appartient † : Mais malheur à vous riches, par ce que vous avez vôtre
confolation § ; ainfi vous n'entre-
rez point dans le Royame de Dieu,
d'autant que vous ne fauriez étre
ferviteurs de Dieu, étant efclaves
des richeffes. Jefus vous commande d'étre humbles & charitables, &
vous étes ou contraire fuperbes &
cruels. C'eft par ces Loïx que Chrift
a voulu remettre les hommes dans
l'état d'innocence ; & il n'a rien
commandé qui repugne aux Loïx
Naturelles, comme plufieurs croient, parcequ'il ordonna de par-
donner les offenfes. Car il fit ce
commandement pour déraciner du
coeur

* Matth. V. 8.
† Luc. VI. 20.
§ ibid. 24.

coeur des hommes la haine & la vengeance, aux quelles ils étoient in-
cités par la Loï écrite en punition
du Peché originel. Jefus voulut
donc par ce Precepte les delivrer de
l'efclavage de la Loï, comme il pa-
roît évidemment par fes paroles:
Vous favez, dit-il, que Moyfe vous
commanda * d'haïr vos ennemis,
mais je vous ordonne de les aimer †.
Ce commandement eft conforme
aux intentions de Jefus: Car, comme
il avoit par fa mort remis l'homme
dans l'état de Nature, ou il n'eft
point de diffention, même felon
le fentiment de Paul § ; il voulut
par ce Precepte guerrir la corruption de fon coeur, pour le pouvoir maintenir dans cet état. Ce
Precepte convient auffi à la nature
humaine parceque l'homme, étant
doüé

* Levit. XIX. 18.
† Matth. V 43. 44.
§ Ad Rom. IV. 15.

doüé de raison , s'il veut s'en fervir , ne fera jamais à autrui , ce
qu'il ne ne voudroit qu'on lui fit ,
ainſi que Jeſus Chriſt le lui a commandé † , afin qu'il put de nouveau
ſe ſervir de la faculté de raiſonner ,
dont il avoit été privé par ſa Transgreſſion.

Dans l'état de Nature Adam a-
voit les loïx de Dieu gravées dans
ſon coeur. Dans celui de grace ,
comme nous l'apprend Paul , * Jeſus a replacé les loïx de Dieu dans
l'eſprit des hommes , & par ſa
mort Chriſt abolit l'inimitié , c'eſt
à dire la loï des commandemens ‡
qui cauſoit les inimitiez , parcequ'elle étoit imparfaite : Car ſi les
loïx de l'Ancien Teſtament euſſent
été ſans defauts , nous n'euſſions
pas eu beſoin , comme le declare

C

le

† Matth. VII 12
* Ad Heb. VIII. 10.
‡ Ad Ephes. II 14. 15. 16.

le bon Apôtre, des loïx du Nouveau, § les quelles font parfaites,
& placées dans le coeur humain,
parceque ce font celles de Nature.

C'eft par le moïen de ces loïx
que Chrift voulut rendre aux hommes la felicité qu'ils avoient per-
duë ; puisqu'en commandant la
pauvreté, l'humilité, & le pardon
des offenses, il éteignit dans le
coeur de fes veritables Difciples
l'envie qu'ils avoient de s'enrichir,
l'ambition & la -vengeance, qui
caufent tous les maux; & les re-
mit dans l'état d'innocence, en les
delivrant de la malediction des loïx
de Moyfe, qui avoient rendu les
hommes raviffans, ambitieux &
vindicatifs, pour les punir de la
faute d'Adam, à ce que Paul nous
affûre, difant; Que la Loï fut don-
née en châtiment des transgref-
fions;

§ Ad Heb. VIII 7.

sions, jusqu'à ce que Jesus vint, afin qu'elle fut nôtre Guide pour nous conduire à lui; mais à present que Christ est venu, nous ne sommes plus sous la Loï, car nous sommes tous Enfans de Dieu par la foi en Jesus : † C'est à dire, nous sommes Enfans de Dieu en obeissant aux Loïx naturelles, qu'il donna à Adam, & à toute sa Posterité, avant sa prévarication, aux quelles nous devons obeïr étant rentrés dans l'état de Grace par Jesus Christ.

Telles furent les Loïx de Jesus semblables à celles de Nature, par les quelles il a voulu établir parmi les hommes une Democratie parfaite, sachant que c'étoit l'unique moïen qu'il put pratiquer pour rendre les hommes heureux. * Pour cet effet il introduisit la communion

des

† Ad Galat. III. 19 24 25. 26.
* C'est un *Quaker* qui parle.

des biens parmi eux, il en chaſſa le Luxe & les richeſſes, & ordonna qu'aucun homme ne fut diſtingué d'un autre ; parcequ'il ſavoit que dans un Gouvernement réellement Populaire, les hommes doivent avoir le tout en commun, & être tous égaux : Un Pere ne doit point connoître ſon fils, ni le fils ſon Pere, vû que cette ſuperiorité & cette connoiſſance ſeroient incompatibles avec la communion des biens & avec l'égalité, qui ſont les fondemens de la Republique. Car l'envie ou l'empreſſement qu'ont les hommes d'accumuler & de devenir puiſſans, ne procede par tant de l'amour propre, que de celui qu'ils ont pour leurs enfans & neveux ; & de celui-ci il en naît l'émulation & l'envie entre les Familles ; parceque toutes, aïant intention de laiſſer leurs enfans à

leur

leur aiſe, travaillent pour acquerir
des richeſſes ; Mais toutes les familles ne peuvent pas en acquerir également : Au contraire comme fort
peu deviennent riches, & que la
plus part reſtent pauvres ; Cette
inégalité fait que les riches, toujours ambitieuſes, veulent ſe diſtinguer des autres, & cette ambition
de vouloir étre plus que les autres
ſe va augmentant, à proportion
que s'augmentent les richeſſes : De
maniere que la Democratie ſe chan-
ge en peu de tems en Oligarchie.
Car les Familles pauvres, qui ſont
en grand nombre, deviennent crain-
tives & humbles ; & les riches, en
petit nombre, deviennent coura-
geuſes & arrogantes; Parcequ'avec
leur argent elles achétent les ſuf-
frages du Peuple, & empechent la
liberté des elections. Par ce moïen
elles s'emparent toujours des pre-

mie-

mieres Dignitez, & de toute l'Au-
torité par conſequent de la Republique. Or quoique le Gouvernement s'appelle toujours Populaire,
neanmoins il n'eſt plus tel, mais
Oligarchique, dès que toute l'au-
torité reſide dans un petit nombre
de Familles plus puiſſantes, qui
ſacrifient le Bien public à leur propre interét, & qui tiennent toutes les autres Familles dans leur de-
pendance.

C'eſt par ces très importantes
raiſons, que dans un Gouvernement Democratique, les hommes
doivent étre tous égaux; Ils doivent
entrer dans la Magiſtrature, éxercer
les emploïs, avoir part aux hon-
neurs, & joüir de toutes les pre-
rogatives chacun à ſon tour; Les
enfans ne doivent point connoître
d'autres Peres que la Republique,
ou les Peres de la Patrie. Veritez
qui

qui furent fort bien connuües de
Jefus, puisqu'il dit à fes Difciples;
il fuffit au Difciple d'étre autant
que fon Maître, & au valet, autant que fon Seigneur † : Car qui
eft maintenant plus que vous, fera
dans la fuite moindre que vous * :
& ailleurs, n'appellez point, dit-
il, par le nom de Pere aucun hom-
fur la Terre, parceque Dieu feul
eft vôtre Pere, & vous étes tous
Freres §.

Telle eft la veritable forme du
Gouvernement Democratique parfait, dans le quel les hommes doivent commander & obeïr tour à
tour ; & ou les Peres ne doivent
point connoître leurs propres enfans, afin de les poüvoir aimer tous
également ; ni les enfans doivent
connoître leurs propres Peres, a-

C 4

fin

† Matth. X. 25.
* Id. XXIII. 11.
§ Id. Ib. 8. 9.

fin de les pouvoir aimer & refpecter tous indiftinctement. Par ces motifs le fage Legiflateur † de Sparte fit élever en commun tous les Enfans de Lacedemoniens, afin qu'ils portaffent, à la Republique qui les avoit élevés, tout l'amour & tout le refpect qu'ils auroient porte à leurs propres Peres, s'ils les euffent connus; & pour que les Peres, ne connoiffant point leurs propres enfans, les aimaffent tous fans partialité. Voilà le feul lien qui peut maintenir la concorde ou la Paix entre les hommes d'une Societé; au lieu qu'on ne voit regner que l'envie, la haïne & l'inhumanité, là ou la communion des biens & l'egalité ne font point établies.

D'ailleurs, mes Chers Freres, cette connoiffance feroit contraire non feulement au Syftéme de Jefus, c'eft

Plutarch. in Lycurgo.

c'eſt à dire à la Democratie parfaite qu'il a voulu établir parmi les
hommes, mais elle repugneroit auſſi à ſa morale, qui conſiſte dans la
Charité & dans l'amour que chacun doit avoir pour ſon Prochain.
Car comment ſerat-il poſſible qu'un
homme puiſſe aimer & aſſiſter ſon
Prochain, comme Jeſus le lui ordonne *, quand ſon amour & ſa charité s'étendront ſeulement ſur ſes
enfans, neveux & Parens ? L'experience nous en apprend l'impoſ-
ſibilité; vû que les hommes diſent,
qu'ils ne pouvent ſecourir leur Prochain, percequ' ils doivent aſſiſter
leurs Familles : & comme cette aſ-
ſiſtance eſt toujours ſans bornes,
elle cauſe parmi les hommes un horrible pillage, par l'inſatiable avi-
dité qu'ils ont tous d'enrichir leurs

C 5

Fa-

* Diliges Proximum tuum ſicut te ipſum.
Matth. XXII. 39.

Familles, & par les moïens injustes & toujours pernicieux au Public qu'ils employent pour la contenter. De sorte que l'on peut dire avec toute verité que cette connoissance & la proprieté des biens ; sont les causes qui ont rendu les hommes ambitieux, avares, & par conséquent inhumains, comme nous voïons, envers leur Prochain. C'est donc ici qu'on peut dire fort à propos, *Gens contra gentem*, ou, *Bellum omnium in omnes*, & point en parlant de l'état de Nature comme l'a pretendu *Hobbs*, & le pretendent ceux qui ne se defont point de leurs préjugés avant que d'examiner les choses.

Christ, qui connoissoit tous ces inconveniens, & qui avoit intention de remettre, par ses loïx, les hommes dans l'état d'innocence ou étoit Adam avant son Peché ; declara

clara que personne ne pourra être son Disciple, c'est à dire, que nul ne pourra entrer dans l'état de Nature, s'il ne haït *ces † noms* de Pere, de Mere, de Femme, d'Enfans, de Freres & de soeurs *, parcequ'ils étoignent dans le coeur des hommes l'Amour reciproque qu'ils doivent se porter selon les institutions de Jesus, & repugnent absolument à la Nature du Gouvernement Populaire.

C'est pourquoi Christ, voulant nous servir d'exemple, ne voulut point reconnoître sa Mere & ses Freres ; mais montrant ses Disciples, il dit; voici ma Mere & mes Freres. Car celui qui obeïra à Dieu, en suivant les loïx de Nature,

† Luc. XIV. 16.

* Ce n'est que les noms, car puisque nous devons aimer nos ennemis, à plus forte raison aimerons-nous ceux qui nous ont donné l'Etre.

re , dont il eſt l'Auteur, ſera mon veritable Frere , ma Soeur & ma Mere. *   Jeſus parla en ces termes pour nous faire entendre que ces degrès de Parentée, & ces diſtinctions de Famille , ſont celles qui nous empêchent de nous aimer tous cordialement ; chacun fixant ſon amour ſur ſes enfans ou Parens, ne ſauroit avoir aſſez de tendreſſe ni aſſez d'humanité pour ſon Prochain.   Ce qui eſt incompatible avec le devoir de Chrêtien : Car Chriſt nous commande abſolument de nous aimer reciproquement les uns les autres , comme il nous a aimé , afinque chacun connoiſſe par là que nous ſommes ſes vrais Disciples. †

Bien Heureux ſont les Animaux de chaque Eſpece, qui vivent ſi amiablement entre eux ; Il ſemble
qu'ils

† Johan. XIII. 34. 35.

qu'ils foient tous bons enfans d'un feul tendre Pere ; & cela, par ce qu'ils n'ont point parmi eux ni *mien* ni *tien*, ni diftinction de Famille: Delivrés de toute Tirannie, fuperftition, avarice & ambition ils paffent heureufement leur vie. Oh! que j'envie vôtre fort heureux, Brutes ; malgré que les hommes vous me prifent par un effet de leur orgueil, & qui vous privent injuftement de la raifon, dont vous faites mille fois meilleur ufage, que ceux qui pretendent que vous n'étes que des *Automates*.

En un mot, cette diftinction des Familles, bien loin d'étre le lien de la Societé, en eft le fujet de divifion ; puisqu'elle nous rend étrangers les uns aux autres, quoi qu' habitans d'une même Ville, & profeffant une même Religion. En effet fi un Chrêtien Anglois eut

be-

befoin d'un mauvais chapeau, quelque refte de boutique, pour fe couvrir la tête, & qu'il n'eut point d'argent pour l'acheter, il auroit auffi beau jeu de l'aller demander à un marchand juif de Madrid, ennemi juré de fa Religion & de fa Patrie, que de le demander à un marchand Chrêtien de Londres ; Car il y a un Milion à parier contre un, qu'il ne l'obtiendroit ni de l'un ni de l'autre.

Concluons donc, Mes chers Freres, que Jefus à retabli les loïx de Nature, aux quelles Adam obeïffoit étant innocent. Voilà par confequent les Loïx de Dieu, aux quelles nous devons obeïr, étant rentrés dans l'Etat de Grace par la mort de Jefus Chrift. Heureux les hommes s'il les eufent obfervées ! Mais par leur malheur extréme ils les ont defobeïes, & par cette nouvelle

velle defobeïſſance ils ont rendu comme inutile la mort de Chriſt; De ſorte qu'ils ont rénouvellé & beaucoup augmenté leurs miſéres.

L'Eſprit , que s'eſt ſervi de ma bouche juſqu'à preſent pour vous annoncer ces importantes Veritez , vient de me quitter , ainſi je finis mon ſermon ; vous éxhortant , mes chers Freres , & ſur tout vous mes bonnes Soeurs de faire tous vos efforts pour bannir pour jamais de vos coeurs l'ambition , l'avarice , la vengeance & tout autre vice , afinque vous puiſſiez vous appeller à juſte tître Diſciples de Jeſus , & vrais *Quakers.*

F I N I S.

La Religion Mahammedane comparée à la Pajenne de l'Indoſtan, &c;

Sublime Cingkniu,

D Ans la derniere conferen-
ce que j'eus avec toi au
ſujet de la Religion, tu
me dis que tu ne voulois
plus diſputer avec moi, qu'à condition que je me defiſſe des prejugez que j'avois en faveur du Koran & des Traditions de nos Ho-
gias †. Car, ſelon toi, il n'eſt
pas poſible d'apprendre la verité
par ceux qui ont interêt de la cacher. Tu m'appris auſſi qu'il ne
falloît jamais embraſſer une opinion
ſans conſulter la raiſon, & que nous

D

de-

† Théologiens,

devions croire les chofes à proportion feulement de leur probabilité
& poffibilité, parceque fi nous
nous fervons des feules lumieres de
la Foi pour diriger nôtre entendement, nous croirons comme Veritez inconteftables les plus grandes
abfurditez & les plus groffieres fauf-
fetez.

Tout ce que tu m'as enfeigné
m'a paru fi raifonnable, que j'ai
refolu d'examiner ma Religion fuivant tes principes. Je me flate de
faire un examen qui te plaira ; Mais
après l'avoir fait tu me permettra,
j'efpere, de me fervir de ce même
Privilége pour examiner la Tienne.
C'eft un privilége que tu m'as ac-
cordé, ainfi tu ne t'en fâchera pas,
à moins que tu ne fois comme le
refte de nos Prêtres, qui accordent de bon coeur la liberté à tout
le Monde de découvrir les Impof-
tu-

tures d'autrui; mais ils ne peuvent
souffrir en aucune maniere qu'on
decouvre celles de leur secte. La
raison d'un procedé si injuste est,
mon cher *Cingkniu*, qu'ils veulent
s'élever en ruinant les autres, &
ne veulent point se laisser ruiner.
Voici donc ce que j'ai trouvé dans
les Auteurs moins suspects de partialité touchant mon grand Legis-
Lateur & la Religion qu'il a établie
parmi les Arabes.

Huit cent quatre vingt un ans
après la fameuse Victoire rempor-
tée à Arbelles par Alexandre sur
Darius, sous le regne de Khosru
Anushirvan Roi de Perse; Muhammed fils d'Abd'allah nacquit à la
Mecque, à la pointe de l'aurore du
Lundi 8. jour du mois rabie premier *. Aminah sa Mere êtoit

D 2

veu-

---

* *Elmakin*, ou selon l'Ere Chrêtienne au
9 d'Avril 571.

veuve depuis deux mois, quand ellé mit au Monde cet enfant: De forte qu'Abd'almotalleb fon ayeul paternel fut obligé de prendre foin du Fils & de la Mere, & de fournir à leurs befoins ; puisque tout leur bien ne confiftoit qu'en quelques Chameaux & en une Efclave Éthiopienne *. Mais quoique le Pere de Muhammed fut pauvre, il êtoit neanmoins de la Tribu des Koreish, qui eft la plus noble & la plus diftinguée parmi les Arabes §.

Abd'almotalleb pourvût cet enfant d'une Nourrice, appellée Halima qui habitoit dans un des deferts de Mahra, ou Muhammed fut élevé jusqu'à l'âge de fix ans : Alors elle le rendit à fa Mere ; Mais Aminah mourant peu de tems après, laif-

* Abulfeda.
§ Elmakin.

laiſſa ce jeune Orphelin entierement ſous la garde de ſon Ayeul; qui char- gea, avant de mourir, Abu Taleb ſon Fils de ſon Education *,

Abu Taleb étant charmé de voir combien ſon Neveu profitoit de ſes inſtructions, & qu'il avoit plus de gravité, de ſageſſe, & de penetra- tion qu'en ont ordinairement les en- fans de cet âge, jugea à propos de le faire voyager avec lui, non ſeu- lement pour cultiver les beaux ta- lens naturels qu'il avoit, que pour lui apprendre le negoce & lui faire gagner par là un peu de bien, afin de le pouvoir marier à ſon retour dans le Pays ; car ſon Oncle n'êtoit pas en état de lui faire un établiſ- ſement.

Muhammed aiant atteint quator- ze ans, Abu Taleb & ſa femme Atheka conclûrent de le mettre au

D 3

ſer-

* Elmakin.

service de Khadijah veuve d'un riche marchand de la Mecque nommé Abdumenaf, qui l'avoit enrichie en lui donnant tous ses biens. Elle étoit femme de bonne foi & de bonnes moeurs, Abu Taleb & Atheka se flatérent que Muhammed auroit été Beni de Dieu étant sous la protection de Khadijah. Il entra donc chez-elle en qualité d'*Agaso* ou conducteur de Chameaux, & alla avec ces animaux aux Villes maritimes de la côte meridionale de l'Arabie afin d'en rapporter diréctement des marchandises propres à la Syrie, & particulierement des soyes, dont le luxe de Constantinople faisoit une grande consomation.

Pendant le cours de ces voyages, Muhammed avoit toujours rendu un compte si exact & si desinteressé à sa Maîtresse, qu'elle conçut

une

une grande eftime pour cet homme, dont la fidelité brilloit au milieu de fon adverfité. Il êtoit alors dans la fleur de fon Age §, & quoique fa taille n'eut rien d'extraordinaire ; fa phifionomie tres fpirituelle, le feu de fes yeux & la modestie qui accompagnoit fes actions, avoient cependant fait une telle impreffion fur le coeur de cette Marchande, qu'elle devint paffionement amoureufe de lui, & le fit en peu de tems de fon ferviteur fon Epoux; le préferant aux Arabes les plus riches qui s'empreffoient de parvenir à ce bonheur *.

Muhammed étant marié s'étudia & par inclination & par reconnoiffance de plaire à fa Bienfaitrice en tout: C'eft pourquoi ils pafferent plufieurs années enfemble dans une

                    par-

____

§ Il avoit 25. ans.
* Abunazar.

parfaite union, se donnant constem-
ment des marques reciproques de
la plus vive tendresse. Mais 15 ans
après l ur mariage , comme Muhammed êtoit sujet au mal-caduc,
& que ses accidens étoient plus frequens & plus de durée alors qu'il
avoit atteint l'age de 40. ans, que
lorsqu'il étoit dans la vigueur de sa
jeunesse : Ces accidens, dis-je, &
l'Idée d'une maladie si éffroyable,
firent presque repentir Khadijah de
l'avoir épousé ; & s'ils ne refroidi-
rent point son amitié à son égard,
du moins ils lui rendirent les cares-
ses de son epoux dégoutantes & in-
supportables.   Muhammed , qui
avoit beaucoup de penetration, ne
fut pas long tems à s'en appercevoir, & comme il étoit fort deli-
cat il lui fâchoit de se voir mépri-
sé de celle qui l'avoit adoré: D'autant plus qu'il ne s'étoit point at-
tire

tiré fon mépris par aucuu défaut
volontaire, mais par un malheur
qui peut arriver aux plus honnêtes
gens.

Il s'imagina donc, que pour re-
gagner l'eftime & l'amour de Khadijah & de fes autres Femmes, qu'il
avoit perdû par une fragilité affez
commune à ce fexe, il étoit neceffaire de leur perfuader, que ce qu'
elles appelloient horrible incom-
modité ou attaque d'épilepfie, étoit
une réelle Extafe, dans la quelle il
étoit fouvent ravi par la foudaine
apparition des Anges qui l'envi-
ronnoient, lorsque l'Archange Gabriel fe prefentoit à lui pour lui ré-
veler les fecrets de Dieu ; & que
ne pouvant fouffrir l'éclat & la gloire de ce Meffager celefte, il tom-
boit dans ces faintes convultions,
dans les quelles tous les plus grands
Prophetes étoient tombez avant

 lui *:

lui * : & afin de mieux affermir Khadijah & toute fa Famille dans cette
croyance il fe retiroit de tems en
tems avec eux dans l'Antre du Mont
Harafat, ou il pretendoit avoir ces
bienheureufes Vifions. † C'eft ainfi que le rufé Muhammed s'y prit
pour cacher fon indifpofition à fes
Femmes, & c'eft une fi foble caufe
qui a produit un fi grand evene-
ment dans le monde, je veux dire
la Religion Mahammedame ; quoi
qu'il faut avouer pour l'amour de
la Verité, que la terrible averfion
que mon Legiflateur avoit pour
l'Idolatrie n'y a pas peu contribué.

Quoi qu'il en foit, il eft fur
que Khadijah crut bonnement tout
ce que fon Mari lui avoit commu-
niqué en particulier touchant fa
Revelation, & qu'elle fut la pre-
mie-

* Zonaras.

† Abulfeda.

miere à divulguer que Muhammed avoit des conversations avec les Anges, & que tout ce qu'il disoit & pensoit lui étoit absolument inspiré de Dieu. En un mot, Khadijah, Varakah Ebn Naufal sa cousine, Zeid Ebn Haretha esclavë du Prophete, & Ali fils d'Abu Taleb furent ses premiers Proselites. †
Après que Muhammed eut converti sa Famille, il tâcha de mettre dans ses interêts Abdallah Ebn Abi Kohâfa surnommé Abu Becr, homme puissant parmi les Koreish, & qui pouvoit par consequent lui rendre des grands services. Effectivement il ne l'eut pas plus-tôt gagné, que Othman Ebn Affàn, Abd'alrahmân Ebn auf, saad Ebn Abi Vakkás, al Zobeir Ebn al Avâm, & Telha Ebn Ubeid'allah, cinq des

prin-

† Abulfeda.

principaux de la Mecque fuivirent fon exemple.

Ce fut alors que Muhammed, fe voïant fi bien appuyé , crut de pouvoir librement revéler fa Miffion. Pour cet effet il fit courir le bruit que Dieu lui avoit commandé d'exhorter fes Parens † & les Gens de fon Pays d'abandonner le Paganifme ; pour adorer un feul & tout Puiffant Dieu Maître de l'Univers. Il prêcha cette Doctrine en public , qui fut écoutée affez patiemment des Peuples ; mais ils fe foûleverent contre lui & tâcherent de le perdre , auffi - tôt qu'il s'avifa de leur reprocher l'Idolatrie & les vices dans les quels ils étoient plongez : & ce nouveau Prophete auroit certainement été perdu fans la protection d'Abu Taleb. Le Chef des Koreifch follicita fortement

† Vid. Koran. cap. 74.

ment Abu Taleb d'abandonner son
Neveu, lui remontrant qu'il faisoit
des innovations pernicieuses à l'E-
tat, & le menaça de le priver de
son amitié en cas qu'il n'eut pas fait
de son mieux pour l'en detourner.
Ce qu' Abu Taleb tâcha réellement de faire ; representant à son
neveu à quel grand danger il ex-
posoit sa Personne & ses amis : Mais
Muhammed, qui ne se laissoit pas
intimider aisement, repondit avec
beaucoup de fermeté à son Oncle :
Que si les Koreisch eussent mis le
Soleil & la Lune contre lui, il n'auroit par pour celà, quitte son en-
treprize. § Abu Taleb le voiant si
determiné, lui promit de l'assister
contre tous ses ennemis.

Les Koreish, trouvant que Muhammed meprisoit leurs promesses
aussi bien que leurs menaces, re-
folu-

§ Abulfeda.

folurent d'emploïr la force pour s'oppofer à fes deffeins. Ils perfe- cuterent & maltraiterent donc tel- lement fes Difciples qu'ils furent obligez de s'abfenter de la Mecque. Neanmoins Muhammed eut le plai- fir de voir fortifier fon Parti, dans la fixieme année de fa Miffion, par la converfion de fon Oncle Hamza, homme de grand courage & de me- rite, & d'Omar Ebn al Khattab, perfonne tres eftimée & qui étoit auparavant fon mortel ennemi. * Et comme la perfecution eft ordi- nairement plus utile que prejudi- ciable à une nouvelle Religion, auffi le nombre des fectateurs de Muhammed s'accrût depuis ce tems là confiderablement à la Mecque. Les Koreifh en devinrent jaloux, & afin d'arrêter le progres que l'If-

la-

* Ebn Shohnah.

lamifm † faifoit parmi les Tribus Arabes, ils firent une ligue, dans la fep-
tieme année de la Miffion *, contre
les Hashemites & la famille d'Ab-
d'almotalleb ; s'engageant par là
de ne point contracter de mariage
& de n'avoir aucun commerce a-
vec eux : & pour rendre leur con-
vention plus authentique, les Koreifh la mirent par écrit, & la de-
poferent dans le Caaba. §

Ces divifions duroient dejà depuis trois ans, lorsque Muhammed
eut le Malheur de perdre fon meilleur ami dans la perfonne d'Abu
Taleb fon Oncle, qui mourut dans
la dixime année de la miffion, àgé,
de 80-ans. Et comme un malheur
eft presque toujours fuivi d'un autre,

† Ou Muhammedisme.
* Al Jannabi.

§ Ou Sanctuaire. C'eft un Edifice carré de
Pierre de Taille, fitué au milieu du Temple
de la Mecque.

tre , Muhammed perdit trois jours
après ſa bien aimée Khadijâh , à
qui il devoit tout ſon bonheur. C'eſt
pour quoi cette malheureuſe année
fut appellée dans la ſuite ; l'année
de deuil. *

Après la mort de ces deux Per-
ſonnes les Koreiſh divinrent ſi fu-
rieux contre nôtre Prophete , & ſur
tout quelqu'uns qui avoient été autrefois ſes intimes amis, qu'il fut con-
traint de chercher un aſyle ailleurs.
Il ſe retira donc premierement à
Tâyef, qui eſt à deux petites jour-
nées de la Mecque , accompagné
de Zeid ſon Vallet : Mais les habitans de cette Ville le reçurent froi-
dement ; les Nobles l'inſulterent,
& les Eſclaves enfin ſe ſoûleverent
contre lui, le forcerent d'en ſortir
au plûtôt & de s'en retourner à la
Mecque , ou il ſe mit ſoûs la protection

* Abulfeda.

tection de al Motáam Ebn Adi. §

L'affront que Muhammed venoit d'essuyer à Tayef decouragea fort ses Disciples, mais il ne l'empêcha pourtant pas de prêcher publiquement & de faire chaque jour des Proselytes, parmi les quels il se trouva six habitans de Yatreb * de la Tribu Juive de Khazrai, qui étant de retour chez-eux ne manquerent pas de faire des grands éloges de leur nouvelle Religion, & d'exhorter les gens de leur Pays à l'embrasser.

Muhammed fit courir le bruit, dans la 12. année de sa Mission, qu'il étoit allé de la Mecque à Jerusalem, d'ou il monta au Ciel & vit Dieu dans toute sa Gloire; Après quoi il retourna à la Mecque. Ce Voyage que le Prophete fit dans

E

une

§ Ebn Shohnah.

* Medine.

une seule † nuit , est certainement
le plus remarquable & le plus beau
qu'on ait jamais fait : Apparement
que nôtre Apôtre l'entreprit pour
suivre l'exemple de ce bon Apôtre
son Predecesseur qui fut enlevé, &
tout d'un coup transporté dans un
Pays inconnu , ou il vit & entendit
des choses inexprimables.

Cette année , que nos Moslems
appellent acceptée , douze hommes de Yathreb , dont dix étoient
de la Tribu de Khazrai & deux de
celle d'Aus , vinrent à la Mecque,
& prêterent serment de Fidelité
à Muhammed sur le mont al Aka-
ba § qui est au nord de cette Ville. * Lorsque ces douze hommes
se furent engagez à obeïr Muhammed en tout , ce Prophete les ren-
voya

† Abulfeda.
§ Vid Koran. cap. 60.
* Abulfeda.

voya avec un de ſes Diſciples nommé Maſab Ebn Omair, afin qu'il
les inſtruiſit plus amplement des
principes & des ceremonies de de
ſa nouvelle Religion.

Maſab étant arrivé á Yathreb fit
pluſieurs Proſelytes par le moien
de ceux qu'il y avoit amené, & entre autres Oſaid Ebn Hodeira, le
plus conſiderable homme de la Ville ; & Saad-Ebn Moâdh, Prince de
la Tribu d'Aus. Ce qui mit en ſi
grande reputation le Muhamme-
diſme, que preſque toutes les familles de Yathreb l'embraſſerent.

L'Année ſuivante, étant la tre-
ziéme de la Miſſion, Maſab s'en
retourna à la Mecque accompagné de 73 hommes & deux femmes
de Yathreb qui s'étoient conver-
tis, & de pluſieurs autres encore
infidelles. A leur arrivée ils en-
voierent offrir leur ſecours à Mu-

 ham-

hammed, qui l'accepta sans se faire prier, car il en avoit alors grand besoin ; ses adversaires étant devenus si puissans à la Mecque, qu'il étoit fort dangereux pour lui d'y demeurer.

Muhammed ne fut pas plûtôt arrivé à Yatreb qu'il ordonna d'y ériger un Temple pour y adorer le Tout Puissant, & fit en même tems abbatre les Temples Payens, briser & fondre les Idoles. Jusqu' alors Muhammed ne s'étoit servi que de la douceur & de la raison pour repandre l'Islam * parmi les Arabes, & son esprit étoit tellement éloigné de toute violence, qu'il

* C'est le propre nom de la Religion Muhammedane : Ce mot signifie se resiger à la volonté de Dieu, & se devouer entierement à son service, *Jallalo'ddin* & *Al-Beidavui*, deux de nos, Théologiens, disent que c'est la Religion que tous les Prophetes ont enseignée ; la veritable & l'unique, étant fondée sur l'unité de Dieu.

qu'il exhortoit toujours fes Difciples à fouffrir patiemment les inju-
res qu'on leur faifoit à caufe de leur
Croyance : & lors qu'il fut lui même prefecuté à la Mecque, il aima
mieux quitter le lieu de fa Naiſſan-
ce, que de refifter à fes ennemis. §
Mais après qu'il fe fut bien etabli à
Yathreb, & qu'il fe trouva en état
non feulement de fe defendre contre fes Adverfaires, mais auffi de
les attaquer, il commença dès lors
par droit de reprefailles à envoyer
des petits partis contre les Koreifh.
Le premier, n'étoit que de neuf
hommes, qui pillerent une Cara-
vane de cette Tribu & firent deux
prifonniers.

Après ce petit fuccès, Muhammed confia l'Etendart de la Foi à
Hamza fon Oncle, & l'envoya avec
30 de fes Difciples, on Moſlems, ten-

E 3

ter

ter fortune : mais ils ne pûrent pas exercer leur valeur contre les Infidelles. La seconde année de l'Heira, ou de la suite de Muhammed, ce Prophete fit une autre expedition , qui fut tres heureuse. Car il se mit à la tête de 319 Moslems & attaqua, un vendredi 17 jour du mois Ramadan, près de mille Koreish sous la conduite d'Abu Sofiân , dont il tua 70 & fit le reste prisonniers , parceque Dieu combatit alors pour son Prophete, * de mê-

* Mahanmed, afin d'inspirer du courage à ses soldats, leur disoit, que cent d'eux auroient pu vaincre deux cent ennemis, & mille, deux mille, (Koran. cap. 8.) Vistnou ton Prophete tint le même langage aux Indiens : bien plus, il leur disoit de ne rient craindre, parceque Dieu étoit au milieu d'eux & combatoit pour eux ; à cause de quoi un seul Indien pourroit vaincre mille ennemis. (Vedam, partie 3. sect ; 26. part. 5 sect ; 20. part. 6. sect, 23) Toutes les Nations se sont servies & se servent encore de cet expedient,

même qu'il avoit autrefois com-
batû pour Viſtnou. Cette celebre
battaille ſe donna dans la Vallée de
Bedr, qui eſt ſituée entre la Mecque
& Yathreb. Muhammed perdit
neammoins dans cette occaſion 14
Moſlems, qui eurent la gloire d'ê-
tre les premiers Martyrs de ſa Religion. § Le butin, qui fut trés
conſiderable, encouragea ſi fort
Muhammed qu'après pluſieurs autres expeditions † beaucoup plus
importantes, il ſe rendit à la fin
Maître de la Mecque la huitieme
année de l'Heira ; & trois ans a-
près le Lundi, ſecond * jour du mois
rabie premier, il mourut après

E 4

une

dient, Bayle en donne la raiſon dans ſes Pen-
ſeés diverſes, chapi 131. & Macchiavelli, dans
ſon Discours ſur Tite live. lib. 3. cap. 13. 33.

§ Elmakin.

† Abulfela.

* Elmakin. dit qu'il mourut le 12 jours du
même mois.

une maladie de 13 jours dans sa Maison à Yathreb, ou il fut enterré, étant dans la 63 année de son âge ; Abu Becr regnant sur les Sarazins, & Heraclius sur les Grecs. Il ne laissa qu'une seule Fille après lui, nommée Fâtema, qui ne survecût son Pere que de 40 jours, † ou selon d'autres 70. Nos Historiens appellent cette bienheureuse Fille la favorite de Dieu, & la comparent à la plus excellente des filles d'Israël. §

Muhammed avoit la taille ramassée & mediocre, la tête grosse, le visage brun, la couleur vive, le regard modeste, l'air noble, le corps libre & dégagé, l'abord civil & gracieux, la conversation insinuante : L'esprit fin & souple. Il étoit eloquent, robuste & meprisoit ordinairement les dangers que craignent

† Patricides.
§ Al Beidavui.

nent les autres. Outre toutes ces bonnes qualitez, il en avoit une af-fez finguliere pour fe faire fort ai-mer des Femmes.

Ne t'ai-je pas fait, Cingkniu, un recit fort impartial de mon Pro-phete? Tu ne pouvra pas m'accu-fer de t'avoir rompu la tête avec une infinité de paffages du Koran, comme j'avois accoutumé en difpu-tant avec toi; ni avec tous les mi-racles, que nos Imáms difent avoir précedez la naiffance de cet Apô-tre *; Ni de ceux qu'il a fait du-rant fa vie †, plus éclatans ou du moins auffi extravagans que ceux que tu attribue à ton Prophete, car j'ai voulu te narrer des faits, & non des fictions ridicules. Je protefte que je t'ai des obligations infinies, pour m'avoir fait connoî-

E 5

tre

* Elmakin, Abulfeda.
† Ebn. Mafud.

tre le droit que j'ai de faire usage de ma raison, par le moien de la quelle j'ai pu me depouiller des prejugez de l'Education, & parvenir à la connoissance des veritez que je t'ai exposé.

Mais après m'avoir si bien ouvert les yeux de l'entendement & fait appercevoir de mes erreurs, sera-t-il possible, mon cher Cingkniu, que tu veüille persister dans les tiennes? Ne te souviens tu pas de m'avoir dit plusieurs fois, que Dieu ne pouvoit pas étre l'Auteur du Koran, à cause qu'il contient des choses entierement opposées à sa sagesse & à sa bontè infinie? Tu n'a pas non plus oublié de m'avoir appris, que Dieu est un Etre tres parfait, & par consequent immuable: D'ou il resulte, qu'il ne sauroit varier ou alterer l'Ordre éternel par le quel il a de tout tems gouverné l'Univers,

vers, ne lui étant pas poſſible d'en ſubſtituer un meilleur ? Si les Idées donc que tu as de la Divinité ſont juſtes, & s'il eſt vrai que Dieu ne peut rien faire qui repugne à ſes Attributs ; Comment peus-tu me perſuader d'embraſſer ta Religion ?

Si tu l'avois examinée ſans prevention comme j'ai fait, tu connoîtrois qu'elle ne vient pas de Dieu: Tu connoîtrois, dis-je, que les frequens Colloques que ton Prophete Viſtnou eut avec cet Etre ſuprême, ſont auſſi abſurdes & plus impies que ceux de Muhammed avec l'Archange Gabriel. Tu conviendrois avec moi que Dieu ne peut pas avoir commandé & approuvé les injuſtices & les cruautez que Viſtnou a commiſes en ſon nom : Enfin tu ſerois convaincu qu'il en a impoſé aux Indiens, comme l'autre aux Arabes.

Je

Je crains fort que tu forte des
bornes de ta raifon ; que tu te fâ-
che & t'emporte en entendant appeller Impofteur ton Prophete.
Mais fi tu le fais, tu as grand tort,
parceque tu agis contre tes Principes. Car fi tu te fouviens, tu a
traité mille fois d'impofteur & de
la maniere du monde la plus outra-
geante celui que je venerois comme
le bien aimé de Dieu, comme le
Sauveur du Monde, fans que je m'en
fois fâché. Pourquoi te fâcheras-tu
donc fi j'ufe de represailles ? A la
verité tu m'a fouvent fait fremir
d'horreur par tes Difcours : Ils me
fembloient prophanes & impies,
mais mon ignorance & mes prejugez en étoient la caufe. Donne-
moi donc la permiffion de te dire
librement ma penfée fur Viftnou,
& écoute moi tranquillement comme j'ai fait, lorsque tu m'a dis la
tien-

tienne fur Muhammed. Je me fers de ma raifon en difputant avec toi. Tu m'as avoué que j'en ai le droit; ainfi defens-toi fi tu peus avec les mêmes armes, & fans perdre ta bonne humeur: Car fi tu la perds, c'eft marque que tu n'eft plus en état de repliquer à mes objections par des raifons folides, & pour lors tout le monde te rira au nez.

Je te communiquerai premierement le recit hiftorique qu'un fage c'eft un Philofophe Indien. Gnanigueul à fait de Viftnou, & enfuite j'examinerai le fabuleux que tu admire comme un ouvrage Divin, afinque tu connoiffe quel des deux eft le plus raifonnable & le plus digne de foi.

Presque tous les Auteurs, dit-il §, s'accordent en ce point: que le Roiaume de Colconde étant infec-

§ Dans un Livre intitulé *Tchiva Vaïkkium*.

fecté de Borri †, le Roi Panguimour par l'avis de l'Idole Biruma
chaſſa tous les infectez de ſon Roiaume, pour le purger de cette eſpece d'hommes ſi odieuſe aux Dieux.
Se trouvant donc épars dans les
Montagnes de Gate ſans courage,
ſans forces, ſaiſis de crainte &
presqu'au deſeſpoir ; Viſtnou un
d'entre eux les exhorta à ne point
attendre de ſecours des Dieux ni des
hommes , parcequ'ils les avoient
abandonnez ; Mais à le ſuivre comme une Guide celeſte, qui les de-
livreroit de leurs miſeres.

Ils y conſentirent ; & ſans ſavoir
ce qui leur arriveroît, ni ou il les
vouloit mener, ils continuerent leur
marche. Mais rien ne les incom-
moda tant que la faim. Ils avoient
man-

---

† On entend par ce mot Indien, des lar-
ges puſtules que grand nombre de Colcondiens avoient ſur la peau remplies d'un pus
noirâtre.

mangé les provisions qu'ils avoient portées avec eux de Colconde, & ils en manquoient depuis deux jours. Ils étoient couchez à demi morts sur les Rochers, prêts à perir; lorsqu'une troupe de Rhinoceros passant devant eux, les surprit fort, vû qu'ils s'imaginoient ce lieu entierement inhabité. Vistnou, dont l'Esprit n'étoit pas si abbatu que celui de ses Compagnons, leur ordonna de tirer sur ces animaux & de les tuer. Plusieurs des plus hardis l'obeïrent, & en tuerent 18 à coup de Javelot. Vistnou les fit distribuer en morceaux à ce peuple affamé, & les mit par là en état de poursuivre leur chemin au travers des vallées & des montagnes pendant cinq jours, au bout desquels ils trouverent un Païs cultivé, dont ils s'emparerent en exterminant les habitans. Ils y bâtirent

en-

(80)

enfuite leur Ville ; & ils y fonde-
rent & dedierent leur Temple.
Viftnou voulant, s'affurer pour jamais de la fujection de ce Peuple,
lui donna une Religion & des ceremonies contraires à celles de toutes les Caftes * Indiennes.

Voilà comment Viftnou ton Prophete eft forti de Colconde avec
fon Peuple. Ne trouves tu pas ,
Cingkniu, cette Narration du Gnanigueul, quoique prophane , plus
probable que la Sacrée du Vedam ? †
Elle eft de pouillée de toute fiction
ou prodige ; elle eft naturelle :
& fi elle n'eft point veritable du
moins elle ne contient rien d'im-
poffible. Mais celle que tu appelle
Sacrée , eft à proprement parler
un recueil de fables mal conçuës ,
fans liaifon , fans ordre ; auffi ex-
tra-

* Tribû.
† Vedam eft un recueil des Livres Sacrez
des Indiens.

travagantes qu' impies , qui cho-
quent également les fens & la raifon , & qui font tres injurieufes à
la Divinité. C'eft pourquoi je fou-
tiens , Cingkniu , que le recit du
Gnangiueul eft plus glorieux pour
Viftnou & pour les Indiens , que
celui du Vedam.

Car , qui n'aura point de pitié
pour un miferable Peuple , chaf-
fé de fon Pays pour avoir le malheur d'étre infecté de Borri ? &
qui ne louera pas Viftnou pour a-
voir fû confoler & ranimer fes Compagnons , qui accablez par une
complication de maux , avoient perdu tout courage , & alloient perir
fans l'efperance qu'il leur donna de
les tirer promptement de leur de-
plorable conditon? Il eft vrai qu'il
les trompa , leur faifant accroire
qu'il étoit une Guide Celefte pour

 fe

se les assujettir ; mais il valoit encore mieux pour ces miserables de devenir sujets de quelqu'un qui les aidât dans leurs pressans besoins , que de mourir enragés faute de secours. Il est ditaussi que Vistnou se rendit Maître d'un Pays cultivé après en avoir exterminez les habitans. En effet c'est une tres grande injustice & cruauté qu'il commit : Mais , Cingkniu , tout cela n'est rien en comparaison de ce que tu vas entendre : Fais-y-bien attention , & je suis assûré que tu ne me pressera plus d'embrasser ta Religion.

Le Vedam rapporte donc que Panguimour Roi de Colconde apprennant qu'il y avoit dans ses états un homme nommé Vistnou qui se disoit Prophete , & qui prêchoit aux Colcondiens une nouvelle Religion

ligion toute oppofée à celle de fon Roiaume, fit un Edit, portant defenfe à fes fujets d'écouter & d'obeïr Viftnou : Mais comme il avoit dejà fait un nombre affez confiderable de Profelytes, qui le fuivoient par tout ; le Roi, afin d'en empecher le progres & les mauvaifes confequeuces, ordonna de les disperfer : Ce qui fut executé ; Car on les envoya travailler aux Mines. Viftnou ne manqua pas de s'en plaindre à Kiotua, † lui remontrant combien Painguimour opprimoit ceux qui l'adoroient. Sur cela Kiotua donna pouvoir à Viftnou de faire des miracles devant ce Roi, afin qu'effrayé de fa toute puiffance, il fit mettre en liberté fes Difciples : Mais cela n'étonna point Pangui-

F 2

mour,

---

† Ce mot fignifie, Maître de l'Univers ; ou, Effence de toutes chofes.

mour, parcequ'il avoit des Sorciers à fa Cour, qui pouvoient en faire autant.

Viſtnou rapporta à Kiotua que ce Prince ne s'étoit point emeu à la vûe de fes miracles, à caufe qu'il avoit des gens à fon fervice qui pouvoient en faire d'aufſi grands. Eſt-il poſſible, s'écria Kiotua tout en courroux, que ce Roi ait la temerité de me reſiſter ? Va, & dis-lui de ma part que je lui cauſerai une Toux ſi violente qu'il ne pourra ni boire, ni manger, ni dormir, ni parler qu' après qu'il aura laiſſé fortir tes Difciples de fon Roiaume. Mais en même tems Kiotua fit naître un Ver * dans le cerveau de Panguimour, qui lui faiſoit toujours refufer tout ce qu'on lui demandoit. De forte qu'il refuſa

pour

* Vedam, par. II. ſect. 4. 5. 7.

pour la feconde fois à Viftnou de mettre en liberté fes Difciples, parceque Kiotua le vouloit ainfi, lui aïant ôté la faculté de lui accorder fa demande, par le Ver qu'il avoit produit dans fon cerveau. Cela n'empecha cependant pas Kiotua d'envoyer à ce Roi la terrible toux dont il l'avoit menacé; & ce qui eft encore plus furprenant, Kiotua affligea avec la même toux les fujets de ce Prince, quoi qu'ils ne fuffent point informez de ce qui fe paffoit entre leur Souverain & Viftnou.

Kiotua envoya pour la troifieme fois Viftnou á Panguimour pour lui intimer que s'il ne laiffoit pas fortir au plûtôt de fon Royaume les Difciples de fon Prophete, il convertiroit en pierre tout ce qui lui & fes fujets toucheroient, de maniere qu'ils periroient tous. Ce Roi, qui avoit deja été tourmenté

de-

depuis deux femaines par cette violente toux , & qui d'ailleurs s'étoit
delivré de ce Ver qu'il avoit dans
le cerveau , par un grand éffort
qu'il fit en eternuant , accorda à
Viftnou fur le champ de partir avec
fes Difciples , pour aller facrifier à
fa Divinité.   Panguimour lui donna cette permiffion avec plaifir pour
éviter le mal dont il le menaçoit;
Mais Kiotua l'en detourna en pro-
duifant de nouveau ce Ver dans fon
cerveau. Effectivement Viftnou eut
beau convertir en pierre tout ce que
ce Roi & fes fujets touchoient , il
ne put lui tenir parole. Ainfi cette
Divinité malfaifante continua ce
Ver dans le cerveau de Panguimour, * pour le rendre de plus en
plus obftiné à refufer ce qu'il lui faifoit demander par Viftnou , afin d'a-
voir

* Vedam , part 2. fect. 9.

voir la cruelle fatisfaction de l'af-
fliger long tems & en differentes
manieres. §

Finalement Kiotua, s'étant presque laffé de tourmenter cet infor-
tunné Roi, dit un jonr à Viftnou,
qu'il ne l'affligeroit plus qu'une fois,
après quoi il ne lui produiroit plus
ce Ver dans le cerveau †, afin qu'il
put laiffer fortir fes Difciples du
Roiaume de Colconde. Kiotua,
aiant donc envoyé le ver dans le
cerveau de ce Prince pour qu'il ne
laiffât point partir les Difciples de
Viftnou, le frappa du dernier malheur, & eut par là le plaifir de *le*
châtier pour une dèfobeïffance,
dont lui même étoit la caufe.

Mais, Cingkniu, écoute bien
ce que Viftnou va faire dire à Kio-
F 4 tua,

§ Vedam, part 2. feƈt. 10.
† Vedam, part 2. feƈt. 11.

tua, & tu connoîtra de plus en plus la fauſſe Idée qu'il avoit de cet E-tre Supréme. Comme tu as vû il l'a deja fait paſſer pour injuſte & cruel, & maintenant il le declare ignorant. J'irai, dit Kiotua, § par tout le Roiaume de Colconde, a-près que je l'aurai couvert d'une nuée fort obſcure, & j'y extermi-nerai toutes les Femmes enceintes. Que tes Diſciples aient donc bien ſoin d'avoir une lampe allumée de-vant leurs Maiſons, afin qu'elles ſoient diſtinguées par ce feu de cel-les des autres Colcondiens · Car je le verrai, & je ne ferai aucun mal aux femmes qui ſeront dans ces Maiſons.

Voila, Cingkniu, ton Dieu, qui, craignant de confondre dans ce maſ-ſacre les Diſciples de Viſtnou avec

le

§ Vedam, part 2. ſect. 12.

le reste des Colcondiens, à cause
que leurs habitations étoient mé-
leés ; fut forcé de faire mettre ce
signal devant leurs maisons, afin de
ne pas s'y méprendre. Cet expedient eut été fort necessaire à un
Assassin, sujet à se tromper ; mais
il n'étoit du tout point convenable
à un Etre infiniment savant & in-
faillible. Quelles étranges ; Quelles horribles idées de la Divinité !

Le malheureux Panguimour aprés
voir été accablé par ce dernier &
cruel desastre aussi bien que ses innocens sujets, n'aiant plus le Ver
dans son cerveau, fit venir devant
lui Vistnou, & lui dit : Va-t-en
avec tes Disciples adorer ton Dieu :
Amene avec toi leur betail & tout
ce qui leur appartient. Ce Roi laissa donc partir librement Vistnou
& ses Disciples aussitôt que Kiotua

F 5

le

le lui permit : Mais ce faint Prophete , ne voulant point s'en aller
avec les mains vuides commanda à
fes Gens de la part de Kiotua d'em-
prunter de leur meilleurs amis les
Colcondiens tous leurs Diamans &
leurs meubles de prix , fous pre-
texte d'en orner l'endroit ou ils
vouloient faire leur premier facri-
fice à Kiotua , avant que de fortir
du Roiaume , mais en effet c'étoit
pour les emporter avec eux ; comme ils firent , fortant de Colconde
avec Viftnou à leur tête , chargez
de riches depouilles. * Je te defie,
Cingkniu de me trouver un paffage
dans le Koran , par le quel Dieu ait
commandé aux Moflems un vol fi
perfide.

Malgré tout celà Panguimour &
fon Peuple fe croioient fort heureux

* Vedem, part 2. fect. 11. 12.

reux de ce qu'ils n'avoient plus cette Peste dans le Roiaume ; mais leur bonheur ne fut pas de longue durée. Car Kiotua, qui vouloit sacrifier à sa rage ce Roi & les Colcondiens innocens, rompit la promesse solennelle qu'il avoit fait de ne plus lui troubler le cerveau avec ce ver, en envoiant derechef ce fatal insecte dans la tête de Panguimour & de tous ses bons sujets, afin qu'ils porsuivissent Vistnou & ses Disciples, & les ramenassent dans le Roiaume. De sorte que ce Roi & son Peuple, étant forcez d'obeïr au Tout Puissant, coururent après Vistnou & ses Disciples ; mais Kiotua les arrêta sur le sommet d'une montagne fort escarpée, par un vent horrible & impetueux qu'il fit souffler, le quel precipta le pauvre

Roi

Roi Panguimour & tout fon Peuple.

Ainfi finit cette excellente Tragicomedie : & Kiotua manifefta par une injuftice inovie fa Puiffance aux Difciples de Viftnou fon Prophete *.

Je fuis tres certain, fublime Cingkniu, que fi le recit que je viens de te faire fe trouvât dans le Koran ou dans l'Evangile, tu n'aurois pas befoin que Perfonne t'en fit connoître l'abfurdité, l'impoffibilité & l'impiété : Car je ne connois point de mortel qui ait plus de difcernement que tu en as, lorfque tu peus te fervir de toute l'étenduë de ta raifon pour approfondir une matiere. Mais comme ce recit fe trouve malheureufement pour toi dans un livre, dont tu n'ofe rien examiner

* Vedam, part. a. Sect. 14.

ou

ou mettre en queſtion, regardant le tout comme ſacré & indiſputable; je me crois en devoir de te le faire d'une maniere, qui puiſſe te con-vaincre de tes erreurs.

Imagine toi donc qu'il y avoit dans une Iſle un Roi ſi puiſſant, que ſes ſujets étoient forcez de lui obeïr bon gré ou malgré qu'ils en euſſent. Ce Roi, aiant reſolu d'al-ler demeurer dans un autre partie de ſon Roiaume, s'embarqua ſans ſuite ſur un bon Navire eſcorté par 50. Vaiſſeaux de guerre. Etant ſur mer & encore en vûe de l'Iſle, il lui vint dans l'Eſprit d'avoir tous les ſeigneurs & les Officiers de ſa Cour à bord avec lui. Pour cet ef-fet il envoya ordre au Gouverneur de l'Iſle de les faire inceſſemment partir. Ce Miniſtre l'obeït, & lorſqu'ils étoient prêts à la venir

join-

joindre, il depêcha fecretement un contre-ordre à fon Gouverneur, qui fur cela les fit tous refter dans l'Ifle. Le Roi neanmoins s'impatientoit & fe fâchoit de ce que fa Cour n'étoit pas venuë le joindre, & il en fit des plaintes au Gouverneur ; même il le menaça de lui faire caffer les bras s'il ne la faifoit pas d'abord partir. Ce Miniftre alla fur le champ executer l'ordre de fon maître : Mais dans ce moment il reçût une lettre de cachet de fon Prince, qui lui defendoit expreffement d'obeïr au dernier ordre : Le Gouverneur retint donc encore la Cour dans l'Ifle. Le Lendemain le Roi lui fit pourtant caffer les bras, & menacer en même tems d'y faire auffi rompre les jambes, s'il ne laiffoit immediatement fortir fa Cour de l'Ifle pour l'aller trouver.

Ce

Ce pauvre Gouverneur, toujours fidelle aux nouveaux ordres de son Souverain, fit partir pour la trofieme fois la Cour pour aller joindre le Roi. Mais comme il l'accompagnoit, il rencontra en chemin un Courrier de Cabinet qui lui apprit, que fa Majefté ne vouloit pas abfolument que la Cour allât à bord. Suivant ce nouveau contre-ordre, le Gouverneur & la Cour rétournerent chez eux. Mais ce malheureux Miniftre eut neanmoins les jambes rompuës : Bien plus, le Roi fit auffi caffer les bras & les jambes à tous les habitans de l'Ifle, fans avoir égard aux femmes ni aux enfans, & il exemta de cette punition generale feulement les Perfonnes de fa Cour.

Après que ce Roi fe fut diverti pendant quelque tems de cette maniere fi feroce, & fi denaturée il en-

envoya réellement ordre exprès à fon Gouverneur de faire embarquer fa Cour fur une Fregate qui l'avoit toujours attendu dans le Port ; ce qui fut executé. A pein e la Frega-te commençoit mettre à la voile, que le Roi depêcha encore un au-tre Courrier au Gouverneur ; lui or-donnant fous peine de fon indigna-tion de s'embarquer au plûtot avec tous les habitans, de fuivre la Cour & de la ramener dans l'Ifle. Le bon Gouverneur fe fit porter fur un brancard à bord d'un méchant Navire, ne pouvant marcher vû qu'il avoit les jambes rompuës ; & les habitans, fe trouvant auffi dans cette pitoyable condition, em-ployerent tous leurs Chameaux, Anes, mulets, chevaux & autres animaux, pour fe faire trainer fur des charettes à bord d'un grand

nom-

nombre de petites barques qui leur appartennoient ; & en moins de deux heures elles attinrent la Fregate & la Flote royale, qui n'étoit qu'a deux petites lieues de là. D'abord elles voulurent se saisir de la Fregate selon l'ordre du Roi : Mais ce Prince les voïant approcher ordonna dans l'instant à l'Admiral & aux Capitaines de ses Vaisseaux de canonner le petit Navire ou étoit le Gouverneur de l'Isle, aussi bien que les barques sur les quelles étoient les habitans, & de les couler à fond. Ainsi ce sage Roi detruisit toute une Nation, qui lui avoit toujours été tres soûmise, pour faire connoître à une poignée de gens, quel étoit son pouvoir.

La fable que je t'ai narrée, Cing-kniu, est si conforme à sa prece-

den-

dente , qu'il est inutile de te l'ex-
pliquer. Je te dirai donc seulement,
que si tu approuve les actions de ce
Roi , comme elles font semblables
à celles que le Vedam attribue à
Kiotua ou à Dieu, tu prononce un
exécrable blasphéme ; car tu renverse la bonté, & la sagesse infinie
de cet Etre Supréme , & tu fais
un monstre horrible de la Divinité:
& si tu les condamnes , comme je
n'en doute nullement ; comment
pour ras-tu encore croire que Dieu,
qui est infinement bon , juste &
sage , ait pû commettre les mêmes méchancetez , injustices &
cruelles frenesies que ce detestable
Roi a commises ? Il voudroit mieux
pour toi Cingkniu, que tu fusse un
Athée, que d'adorer un Dieu cou-
pable de si enormes crimes ; parce
que l'imperfection est plus contraire

re & plus injurieufe à la Nature du vrai Dieu, que le non être. †

Je fai, Cingkniu, qui tu vas me repliquer que Kiotua peut tout, pour juftifier fa conduite à l'égard de Panguimour: mais ne t'en avife pas, Car tu proferes une grande impieté : Ne pouvant pas cet être éternel faire des chofes qui repugnent à fes attributs, ou qui foient oppofées à fes perfections, comme un fubtil Gnanigueul de ton Païs l'a eft pretendu, difant : Que puisqu'il eft permis au batelier de faire ce que bon lui femble de fon bateau ; Pareillement Kiotua peut faire ce qui'l veut de fes Creatures ; & il autorize fa comparaifon par la demar-

G 2

che

† Voyez ce que le favant Bayle à dit fur ce fujet dans fes Penfees diverfes, chap 115. 117. 119. 120 132. & dans la continuation de fes Penfeés diverfes, chap. 76. 77.

che de Kiotua envers Panguimour. Mais, ami Cingkniu, c'eſt une Doctrine abominable & impie comme un de mes bons amis l'a dernierement prouvé. *

D'ailleurs Viſtnou, après ſa ſortie de Colconde, en àgit tres cruellement envérs pluſieurs Peuples. Car il ne ſe contenta pas de les chaſſer de leurs Pays & de s'emparer de tout ce qu'ils poſſedoient, mais il en fit une tres cruelle boucherie ; n'épargnant ni les Femmes, ni les Filles, ni les enfans innocens. Ce miſerable ſort tomba ſur les *Buddergueuls*, les *Schammanergueuls* les *Baréiens* §, & ſur pluſieurs autres. † C'eſt en quoi Viſt-

* Voyez, Discourſes concerning Religion and Government. Diſc. 3.

§ Vedam, part 4. ſect. 21. 31.

† Vedam part 4. ſect 21.

Viſtnou ne peut pas être comparé à Muhammed. Il eſt vrai qu'ils ſe reſemblent aſſez dans l'introduction de leurs Religions , parcequ'elles furent deux productions de leurs genies & de leur ambition , & ils les repandirent dans le Monde par la voie des armes ; avec cette difference , que Muhammed imita A-lexandre dans ſes conquêtes , & Viſtnou les Eſpagnols. Car Mu-hammed recevoit genereuſement & à bras ouvérts tous ceux qui ſe ſoûmettoient à ſes Loïx : & quant aux obſtinez , il les mettoit effecti-vement à mort, mais il épargnoit toujours le ſang innocent des Fem-mes , des Vierges& des Enfans. Enfin il commanda aux Moſlems de traiter comme freres tous ceux qui voudroient obeïr au Koran. *

H

Mais

* Koran , chap. 9.

Mais Viſtnou exterminoit les Nations entieres ſans leuroffrir ou accepter de condition , comme ces monſtres éffroyables & inhumains d'Eſpagnols firent aux Peuples du Mexique & du Perou : & avant que de mourir il ordonna à ſes Secta- teurs d'exterminer pluſieurs Peuples de la part de Kiotua. †

De plus , Cingkniu , mon Pro- phete fut bon Pere des Moſlems tant qu'il vecût ; & le Tien fut un cruel & avare Tyran des Colcon- diens ſes Diſciples.

Témoin le fameux *Elephant* d'Or que *Viſtnou* leur fit ériger , pour s'approprier toutes les richeſſes que ſes Diciples avoient volées aux Col- condiens ; & témoin les 23 ou 24. mille des ſiens qu'il fit maſſacrer dès qu'il s'apperçut de leur murmures

con-

† Vedam , part ſect. 20.

contre lui , fachés d'avoir été depouillés si grossierement de leurs éffets.   Car aussi-tôt que le *Grand Bramin* son Fréré , qui le secondoit dans toutes ses entreprises , l'eut averti , qu'il avoit porté ses Disciples à lui confier , non seulement tout l'Or qu'ils avoient, pour l'employer dans la construction de cette pré-cieuse *Idole* , mais aussi à l'adorer d'abord qu'elle fut élevée ;   Vistnou dis - je indigné en apparence contre l'*Idolatrie* de ses Disciples & transporté d'une *Sainte fureur* , brisa l'*Elephant* , & voulut faire accroire à son Peuple que les morceaux en étoient disparus , ou que *Kiotua* les avoit annéantis. Ce font des faits , que tu ne peus me contester , & dont je te parlerai plus amplement dans un' autre Epître.

H 2

Que

Que celle-ci soit en attendant à l'honneur & gloire du VRAI DIEU & à la confusion de ces *Imposteurs*,

De *Dehli* ce 5 de la Lune de Dhu'lkaada, de l'Heira 1095.